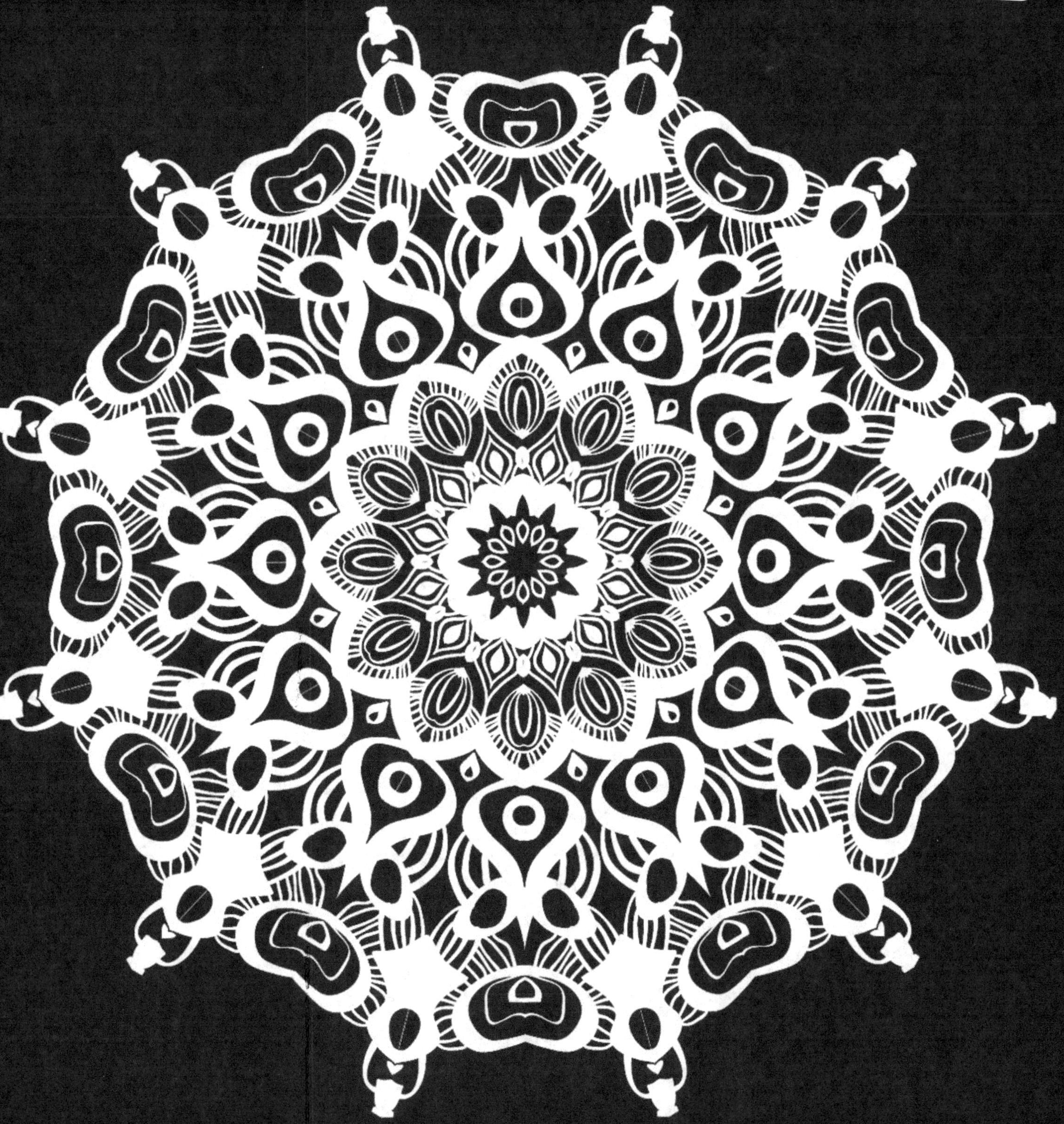

EDWARD RAMOS

www.facebook.com/eramos.ph

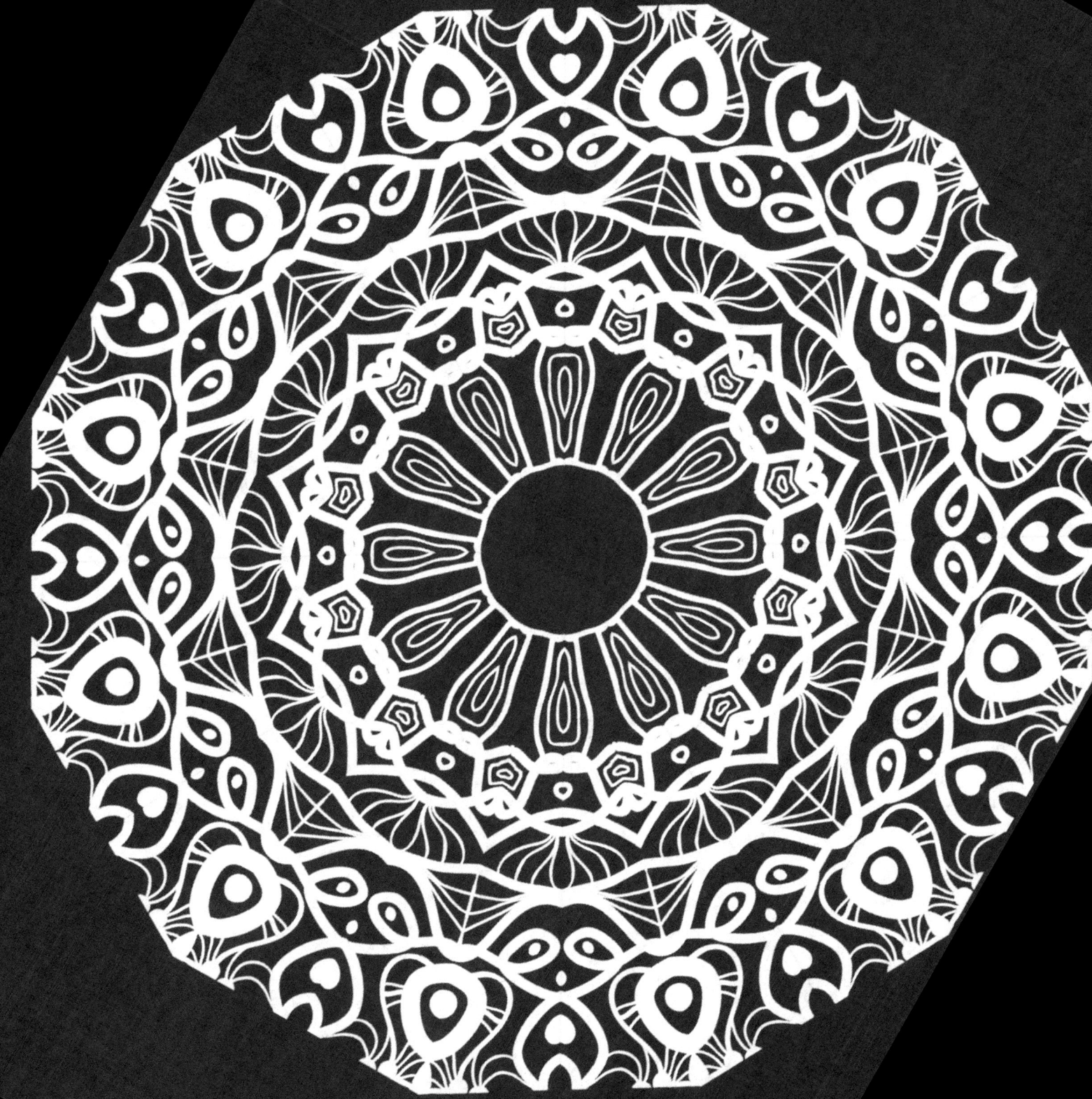

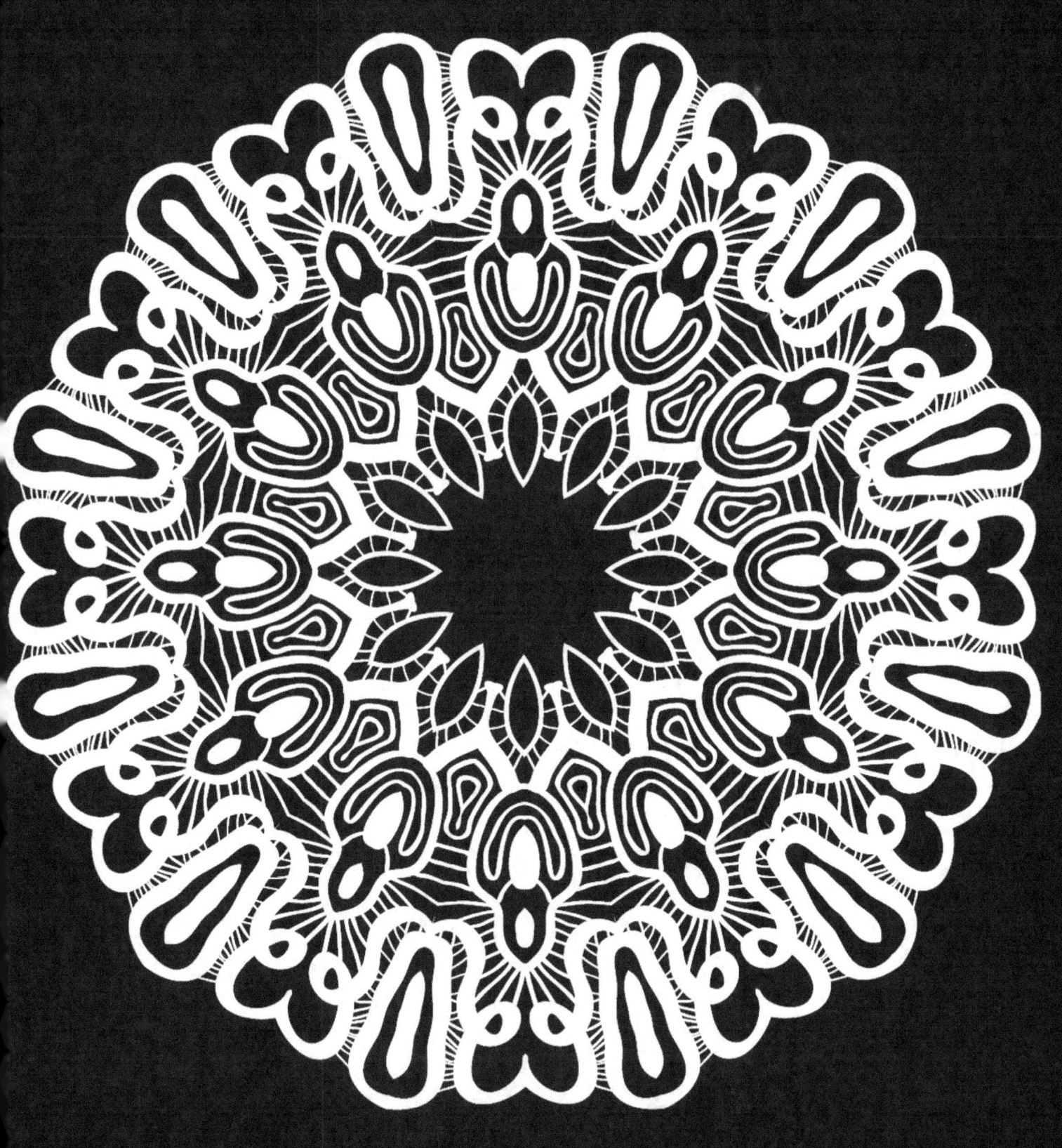

EDWARD RAMOS

www.facebook.com/eramos.ph

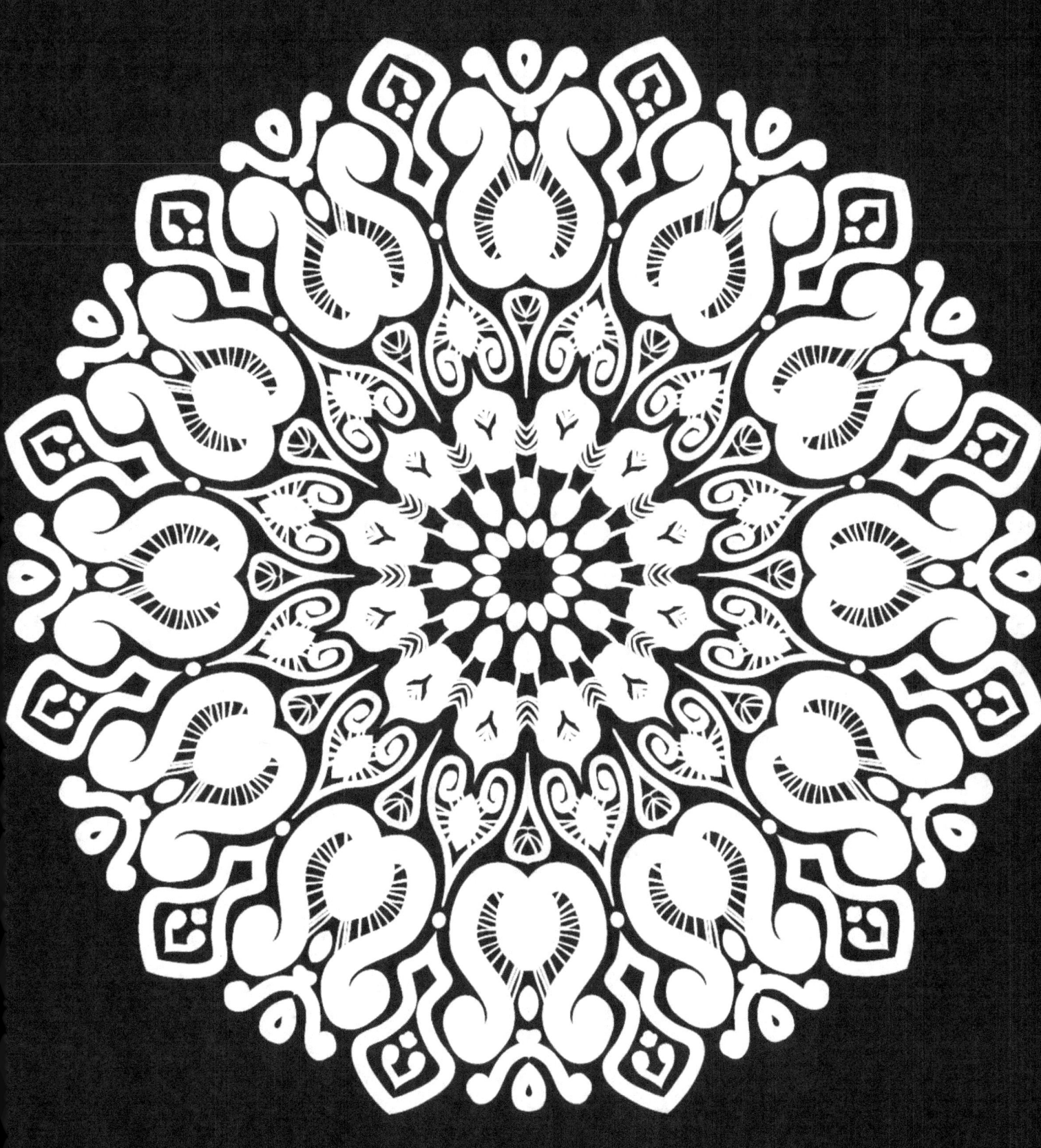

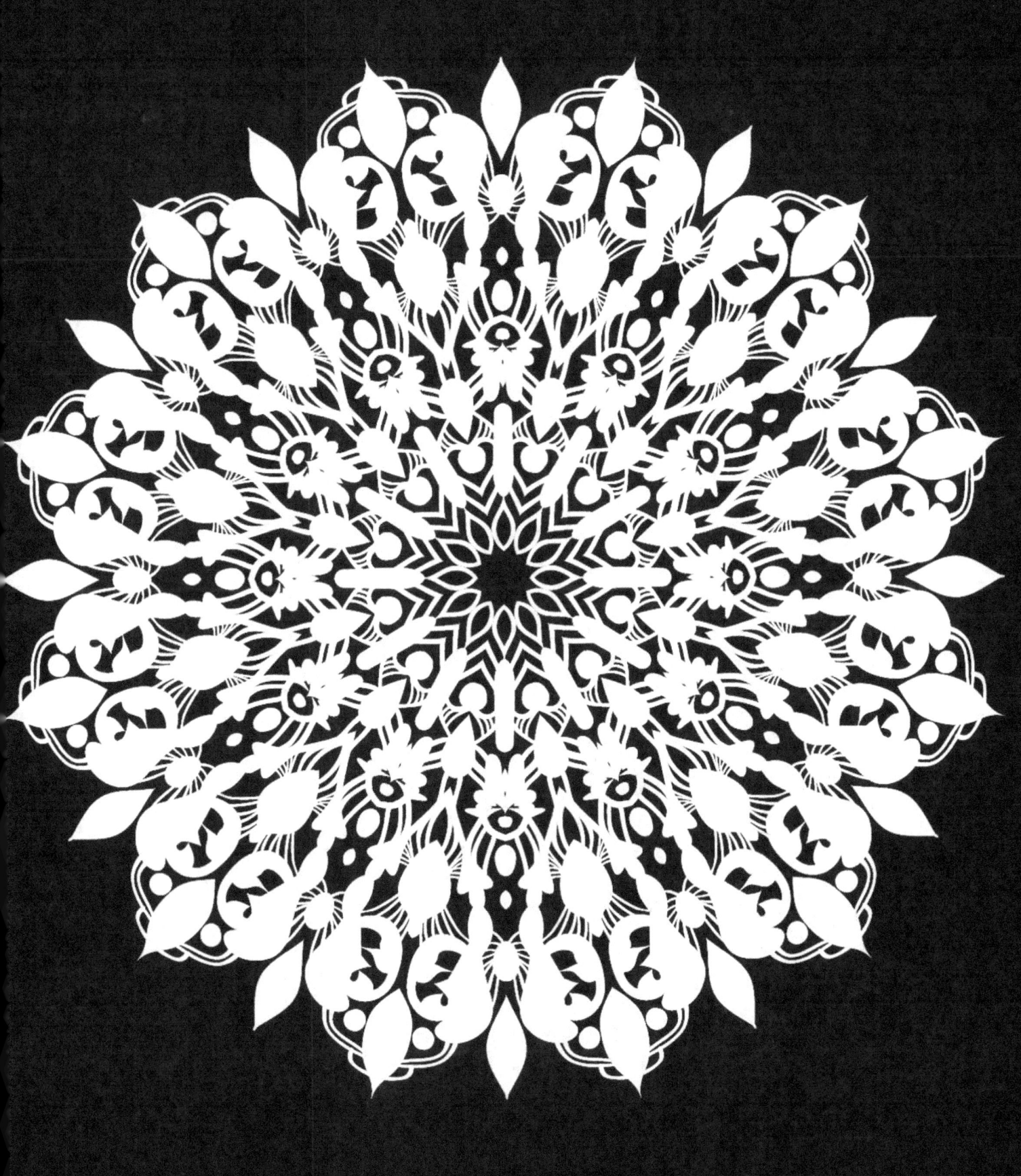

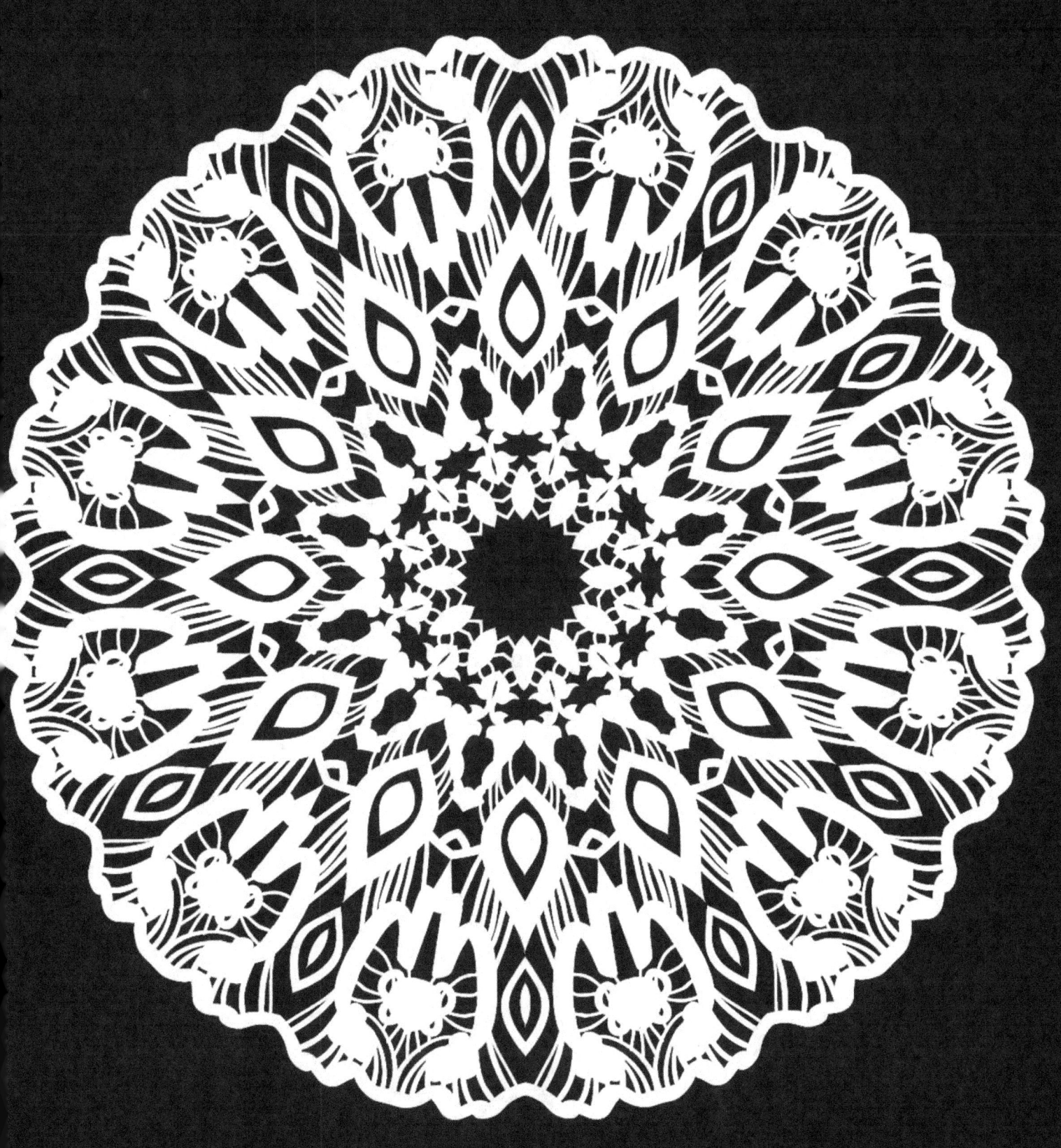

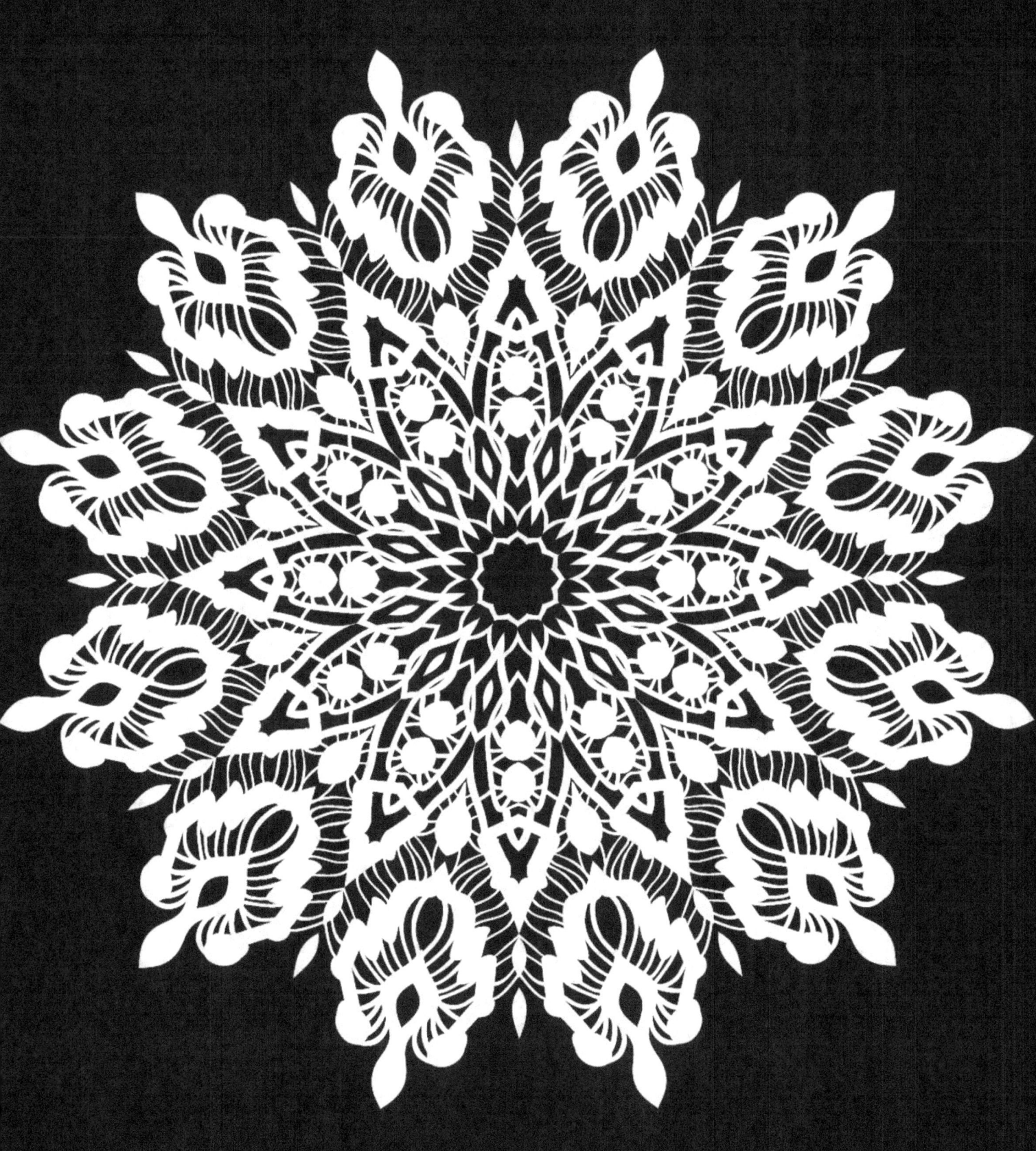

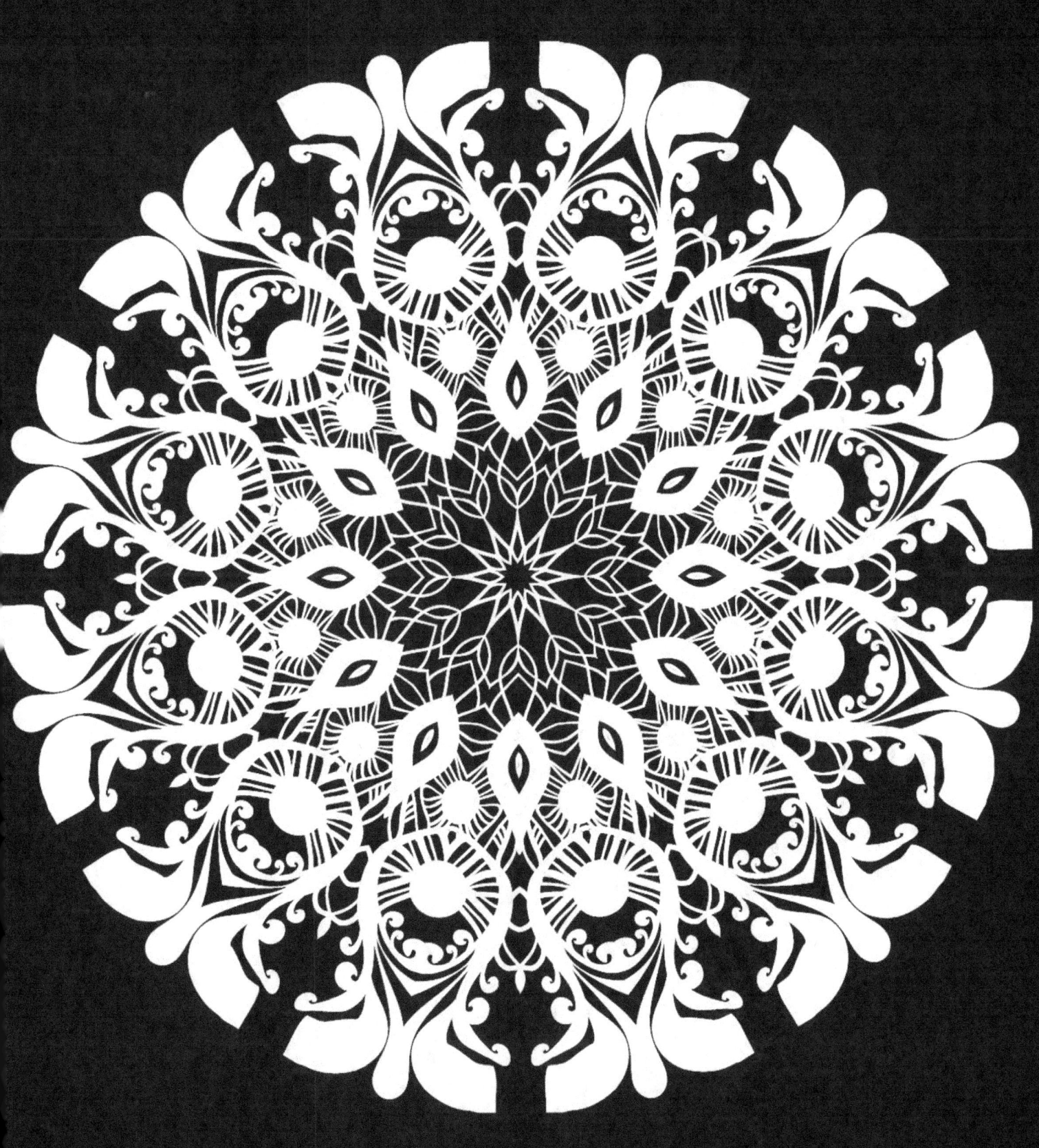

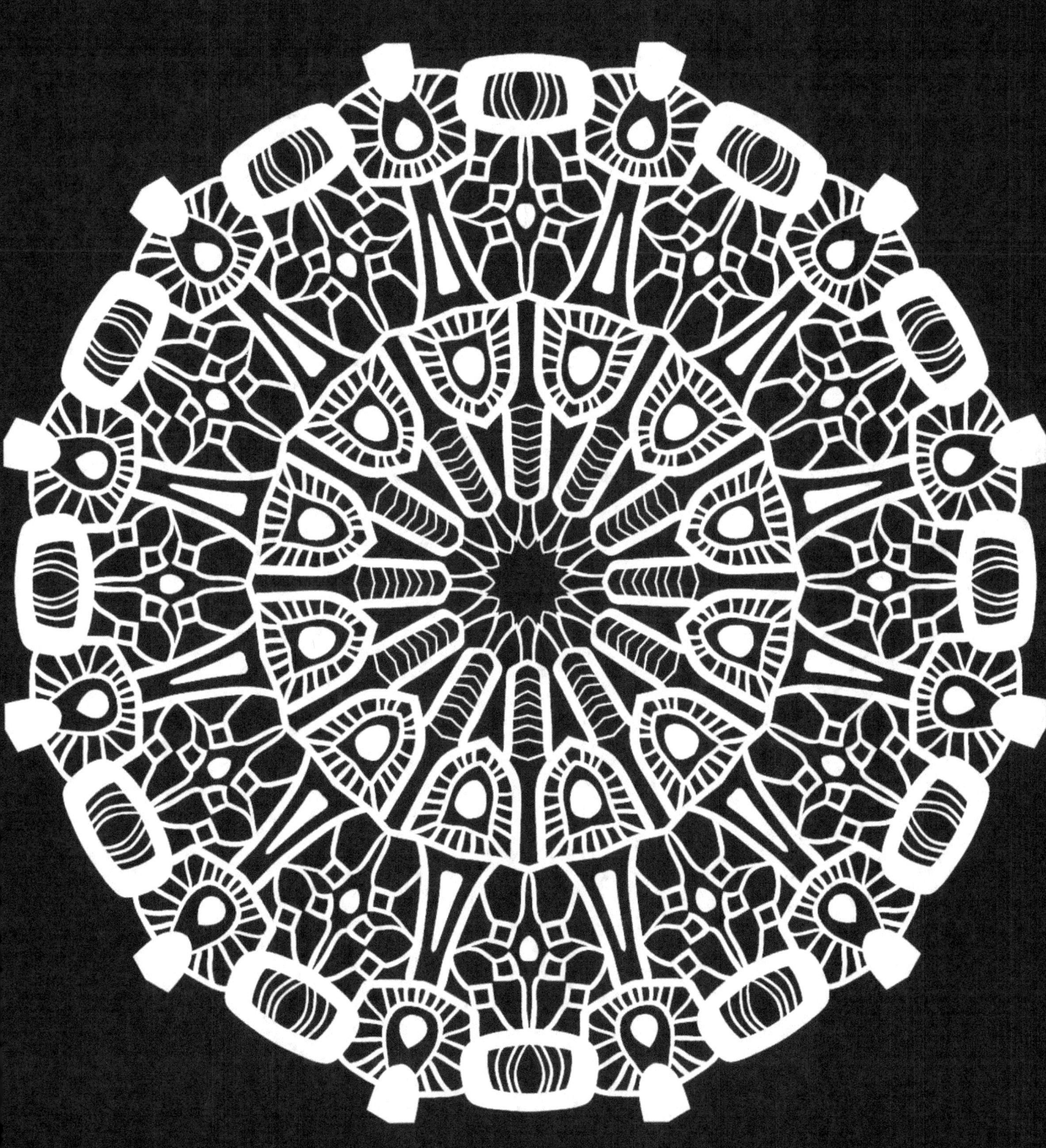

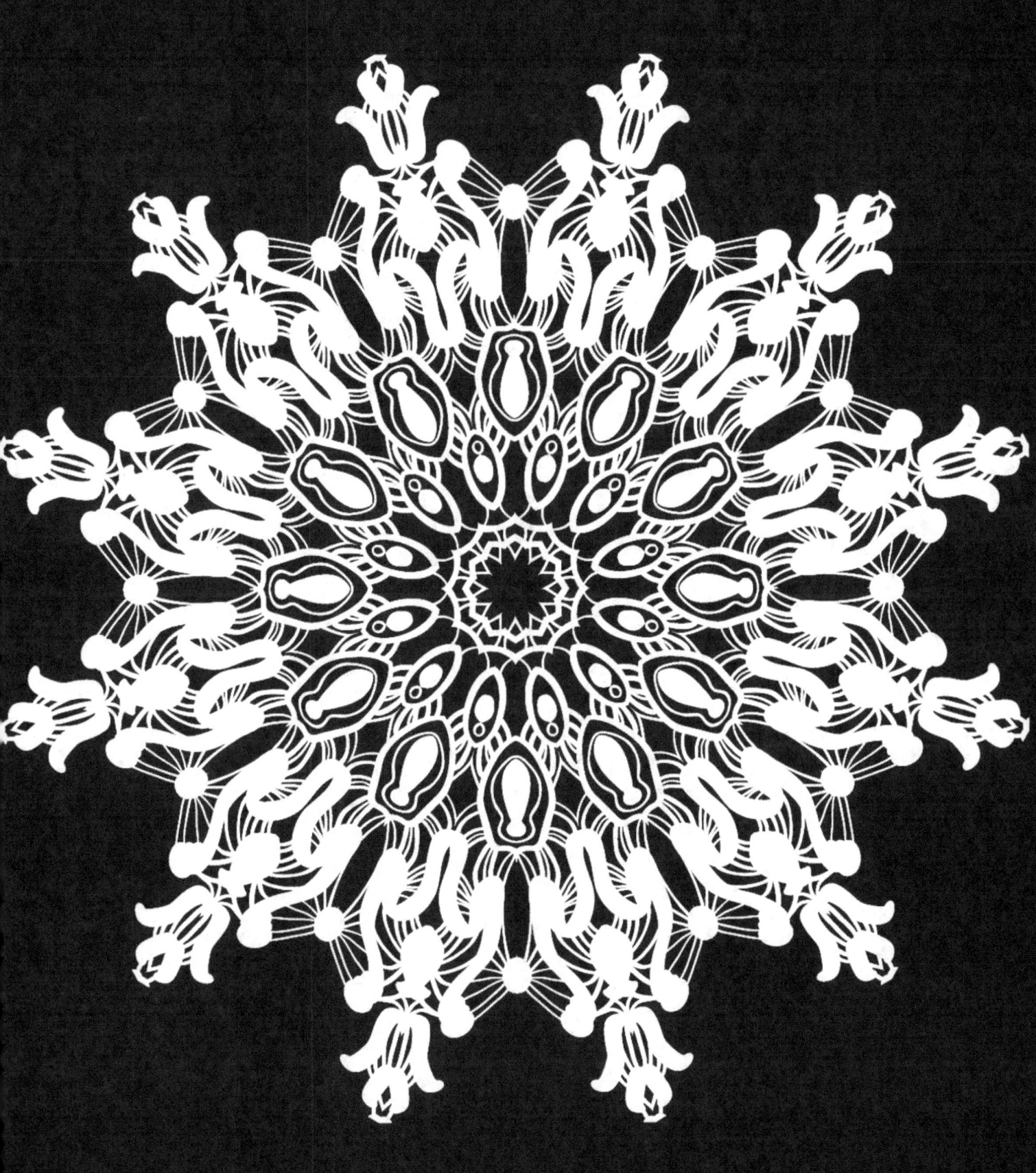

EDWARD RAMOS

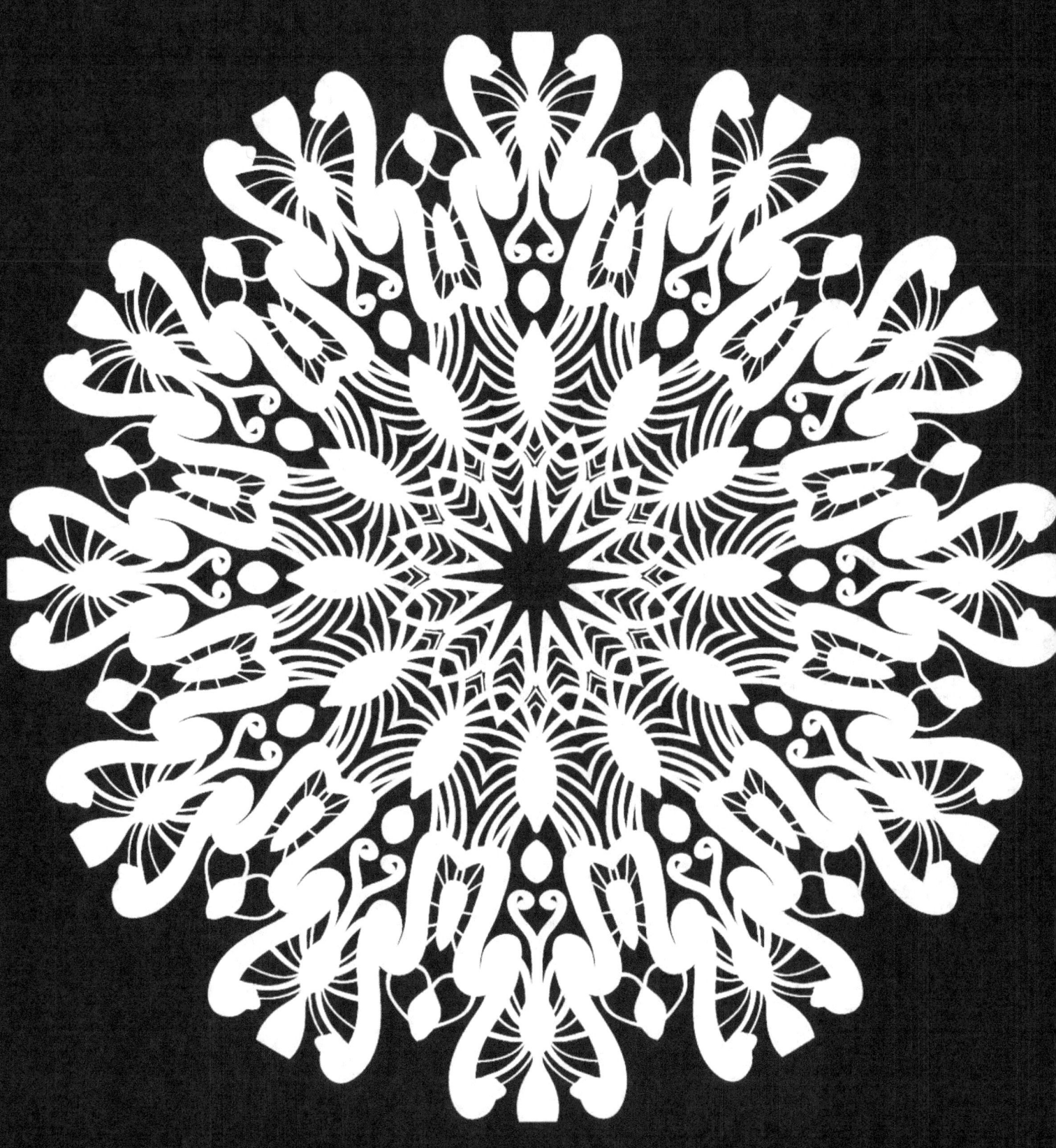

EDWARD RAMOS

www.facebook.com/eramos.ph

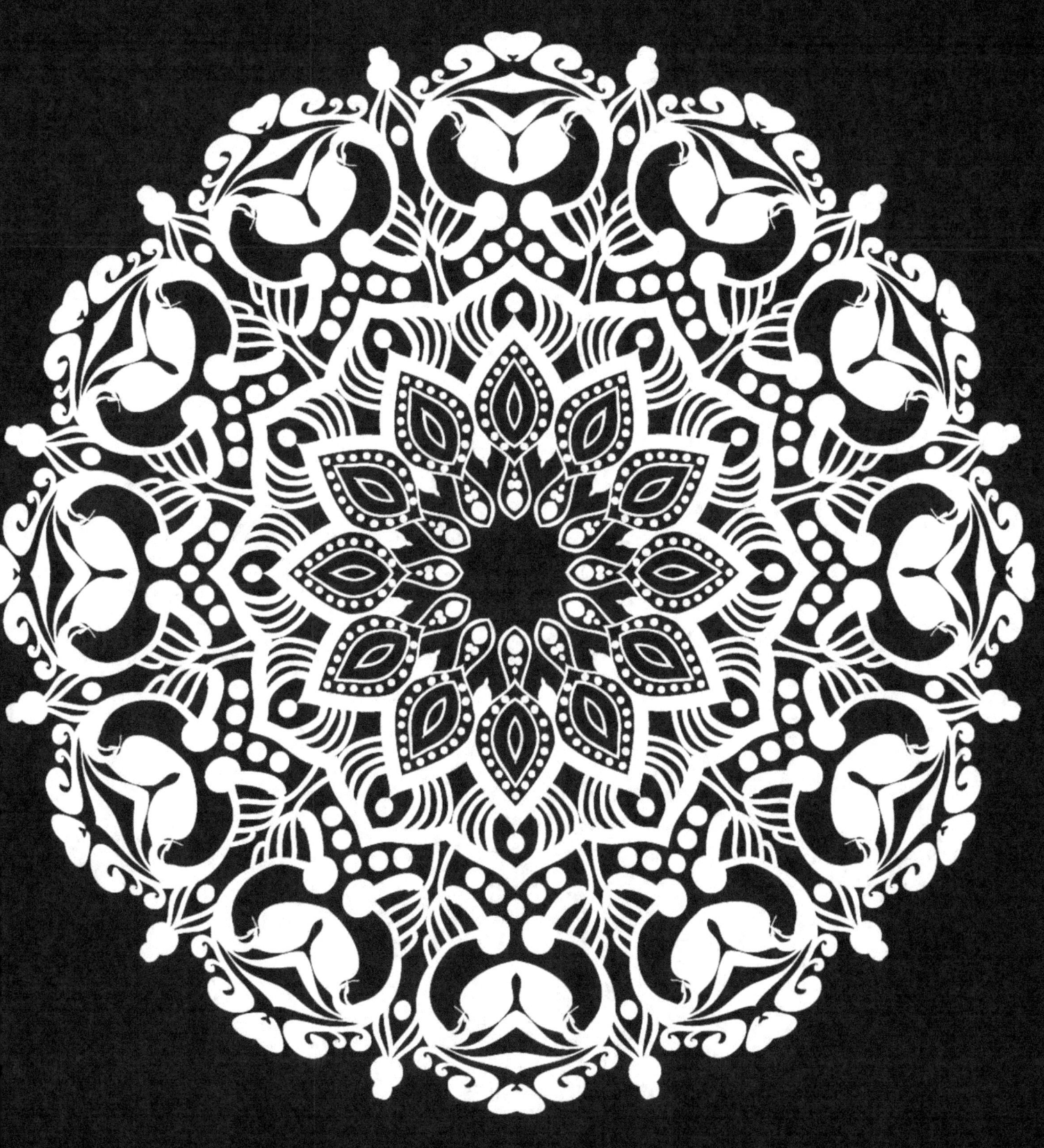

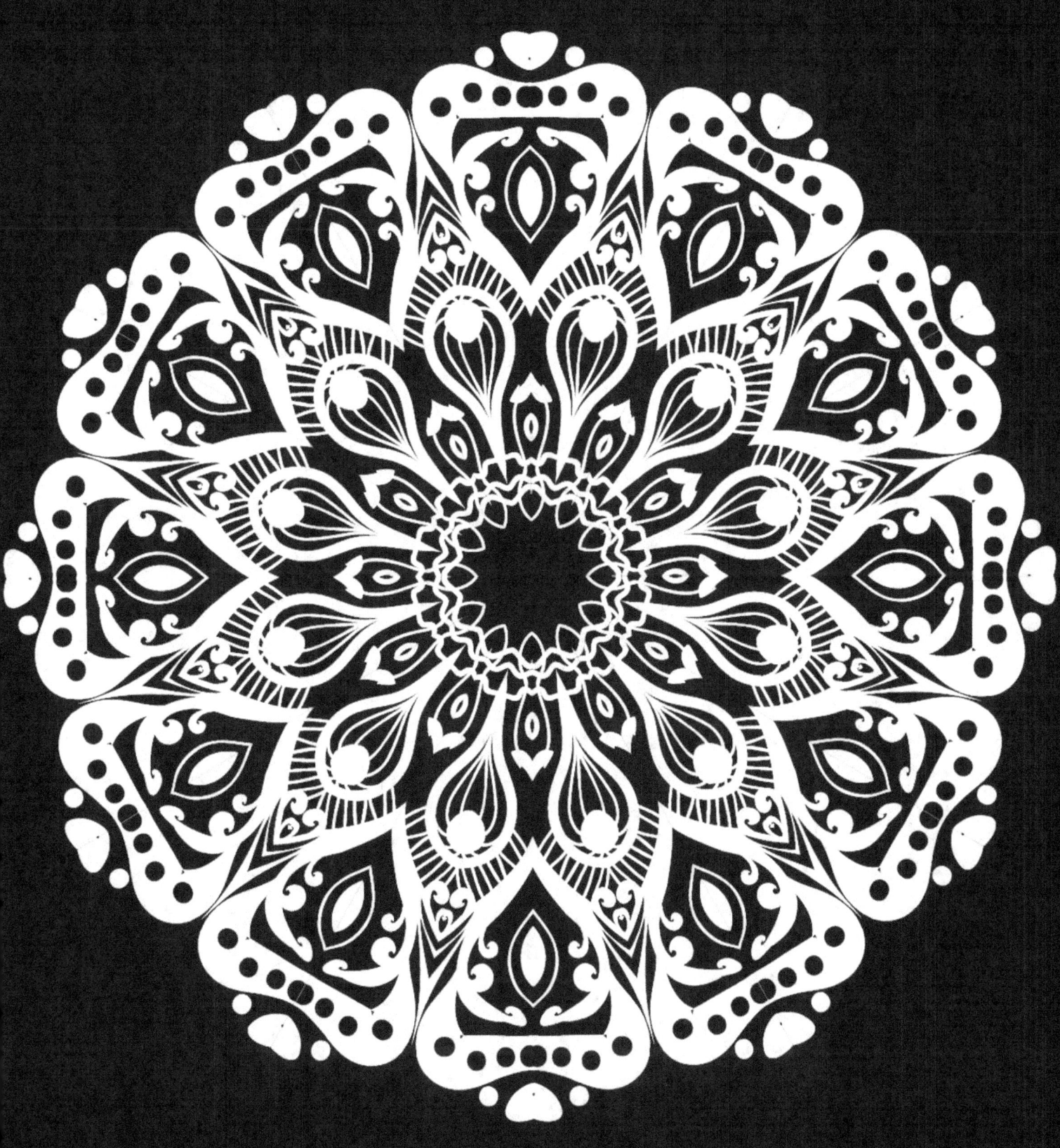

EDWARD RAMOS

www.facebook.com/eramos.ph

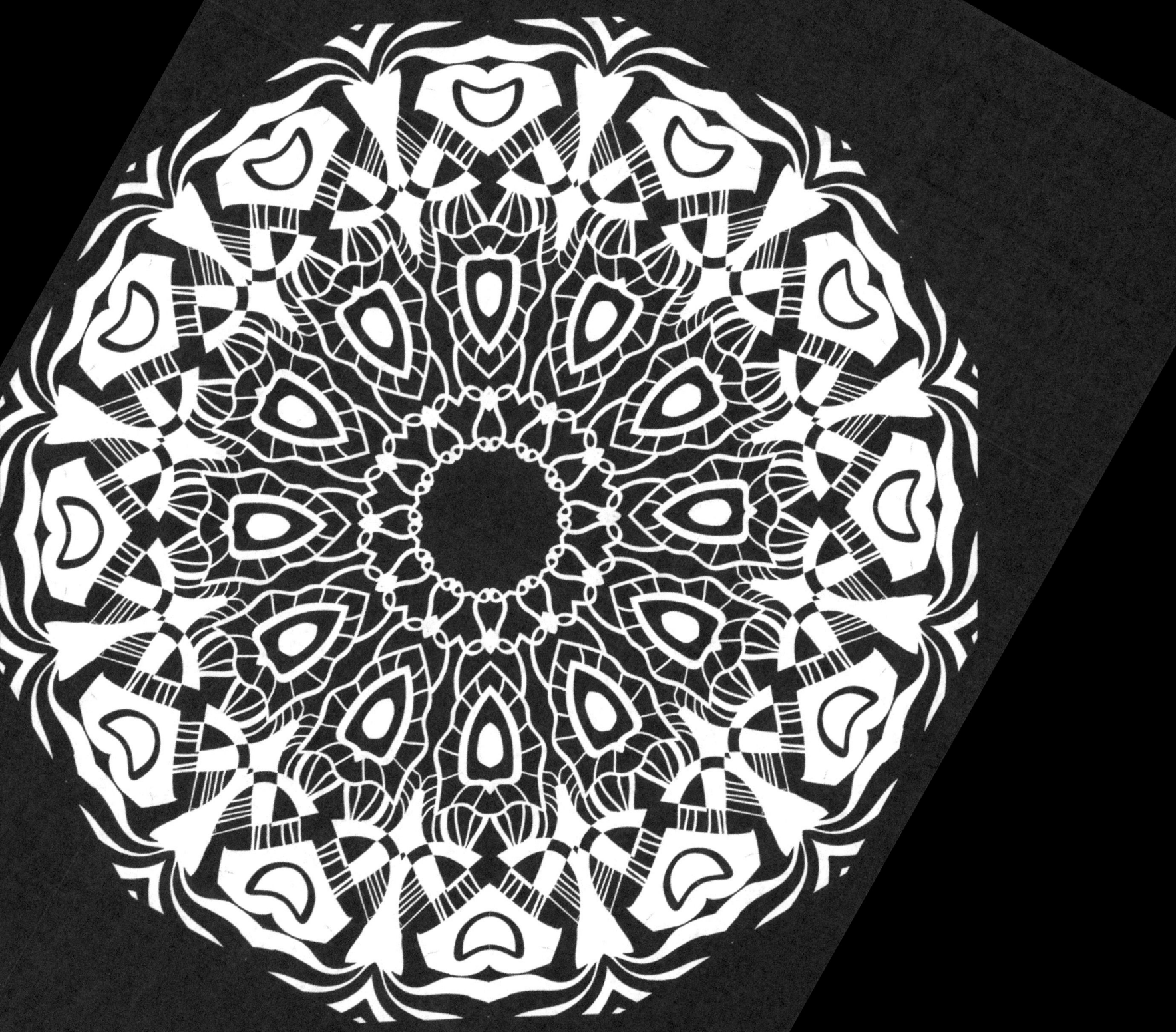

EDWARD RAMOS

www.facebook.com/eramos.ph

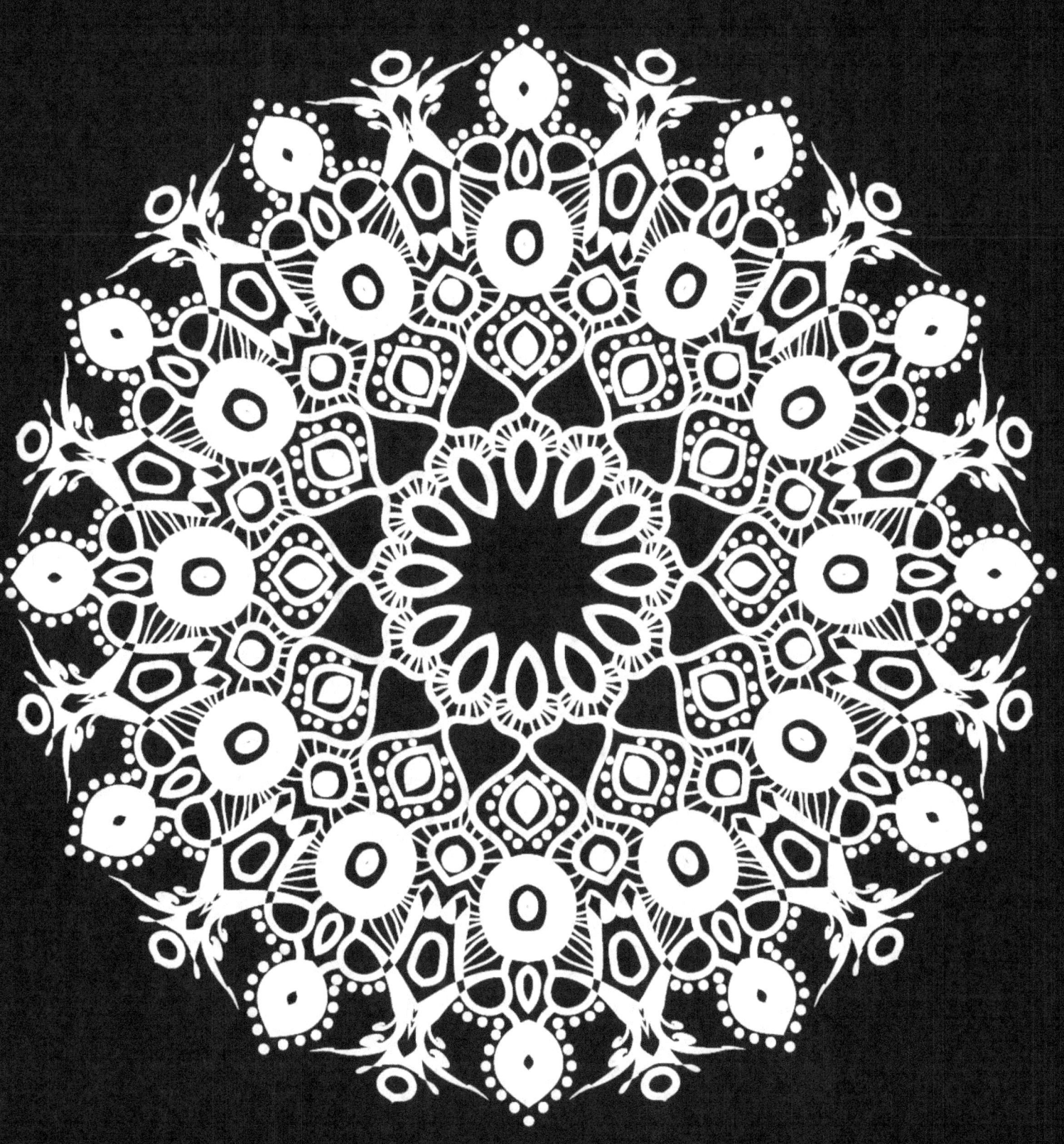

EDWARD RAMOS

www.facebook.com/eramos.ph

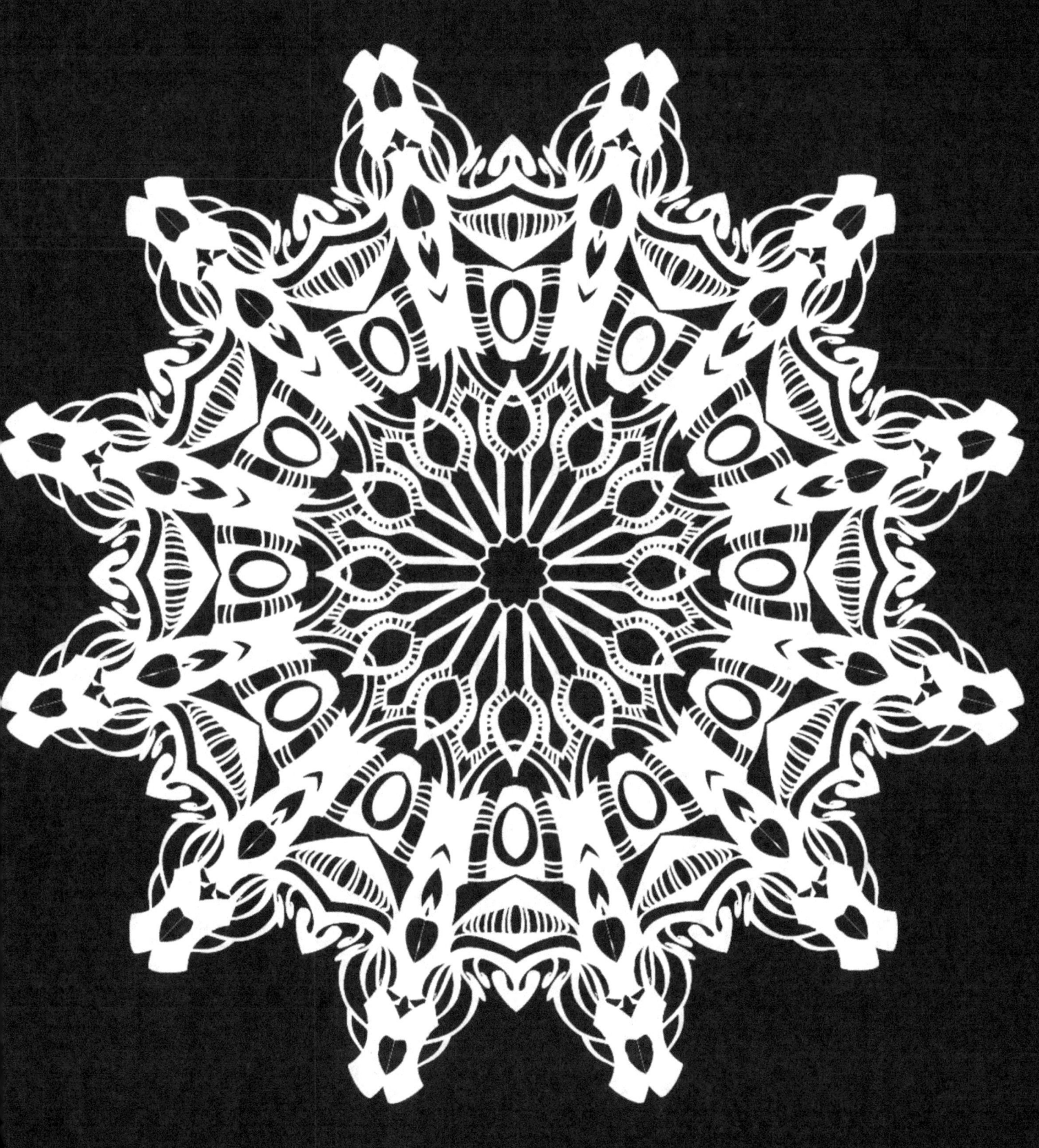

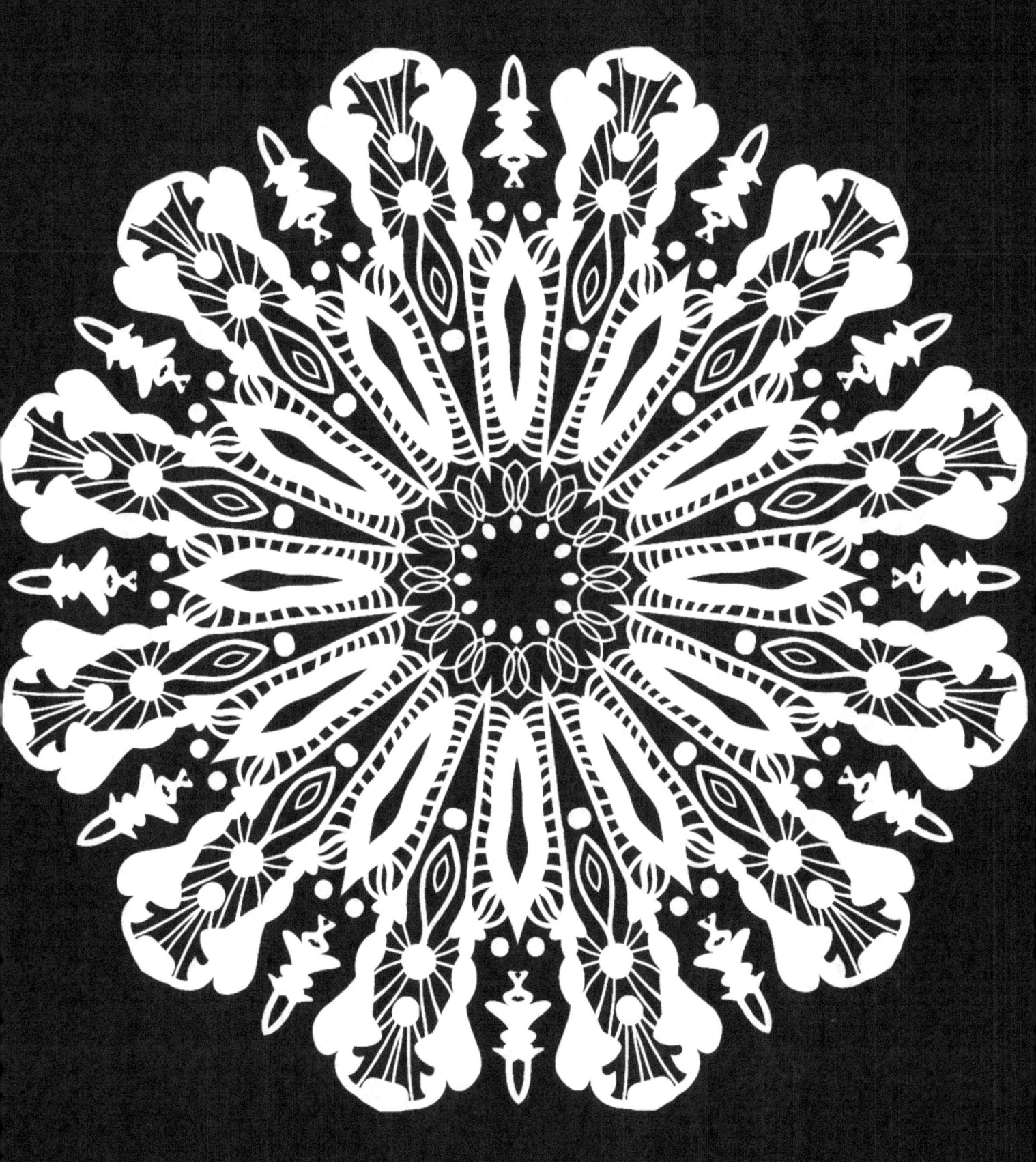

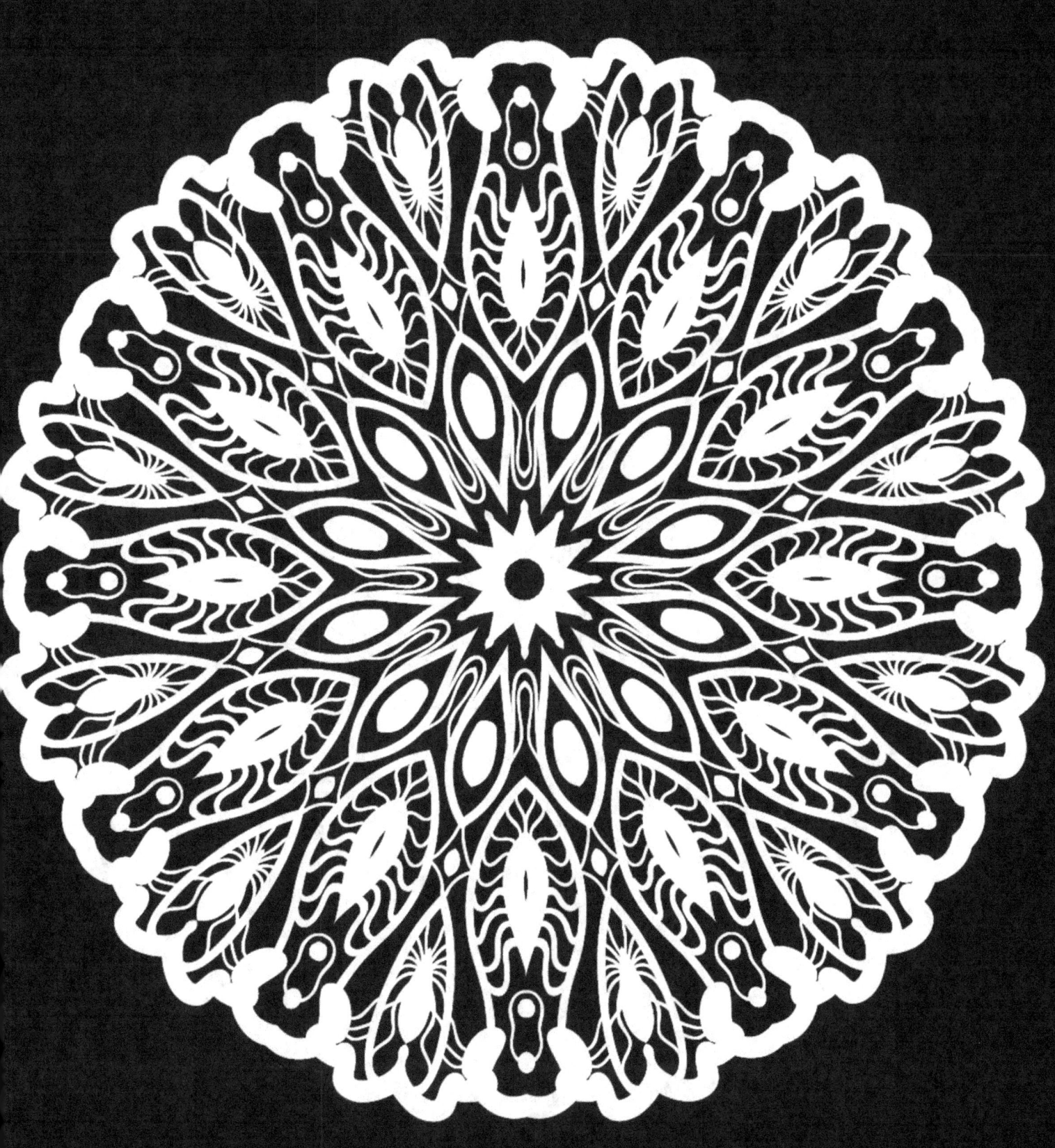

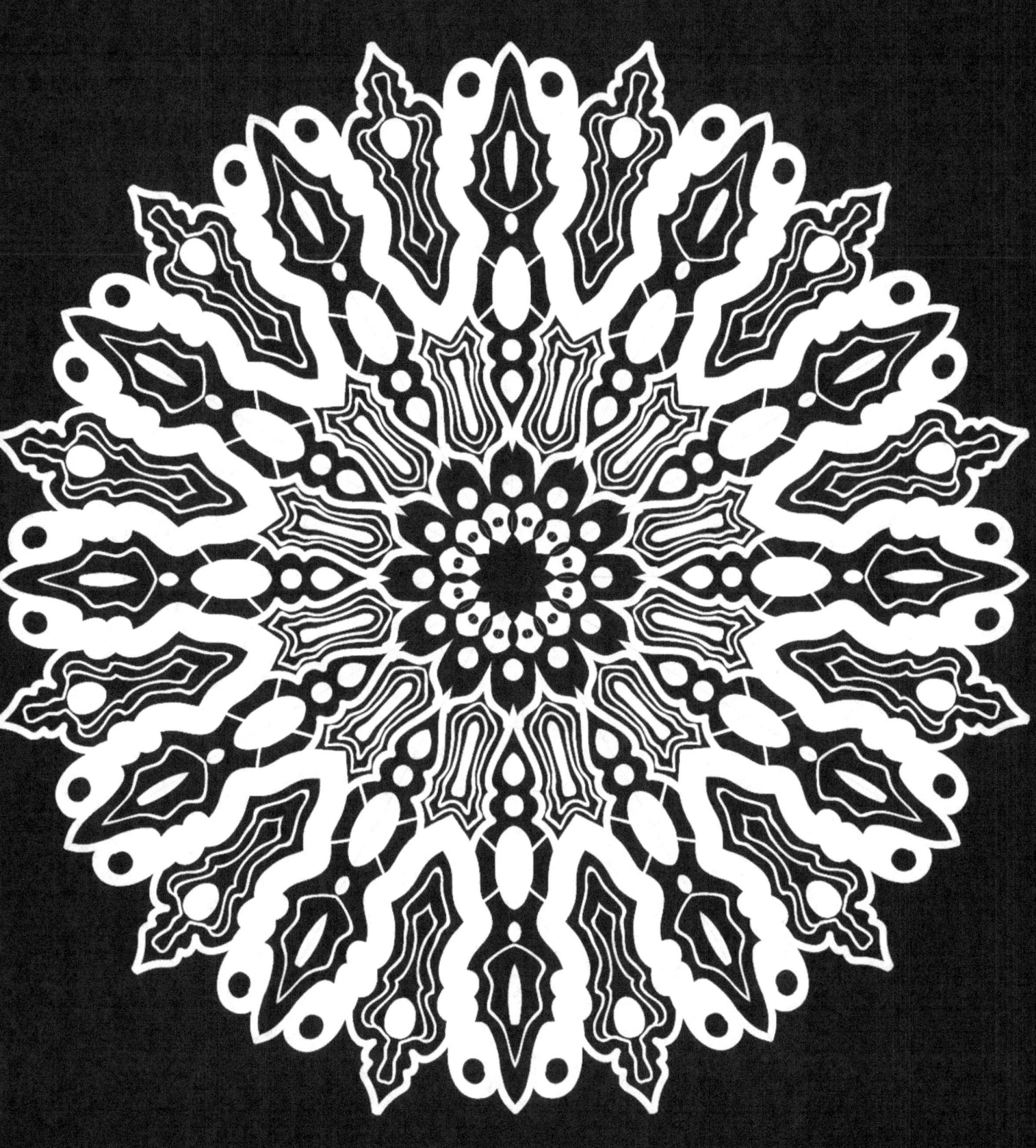

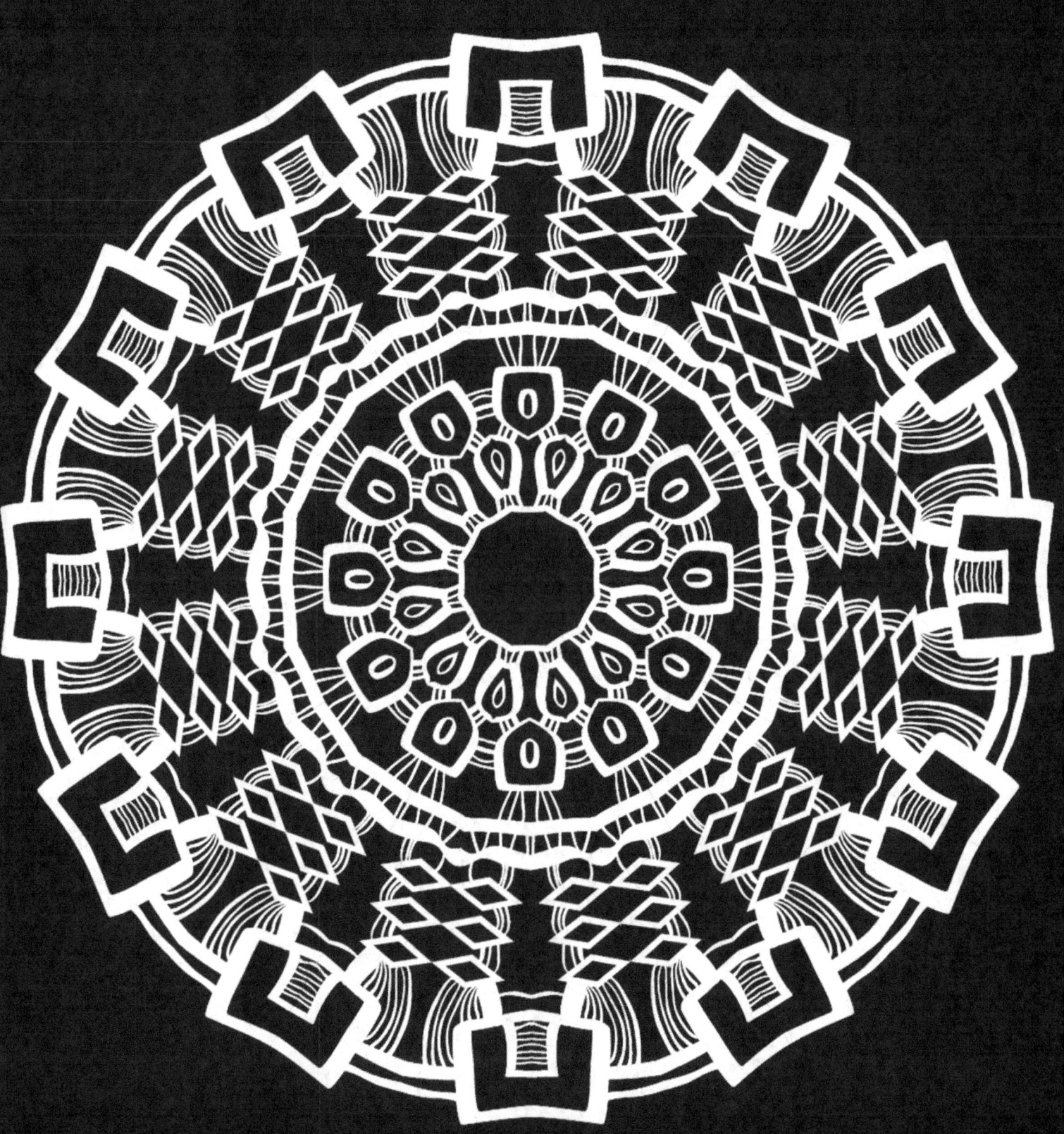

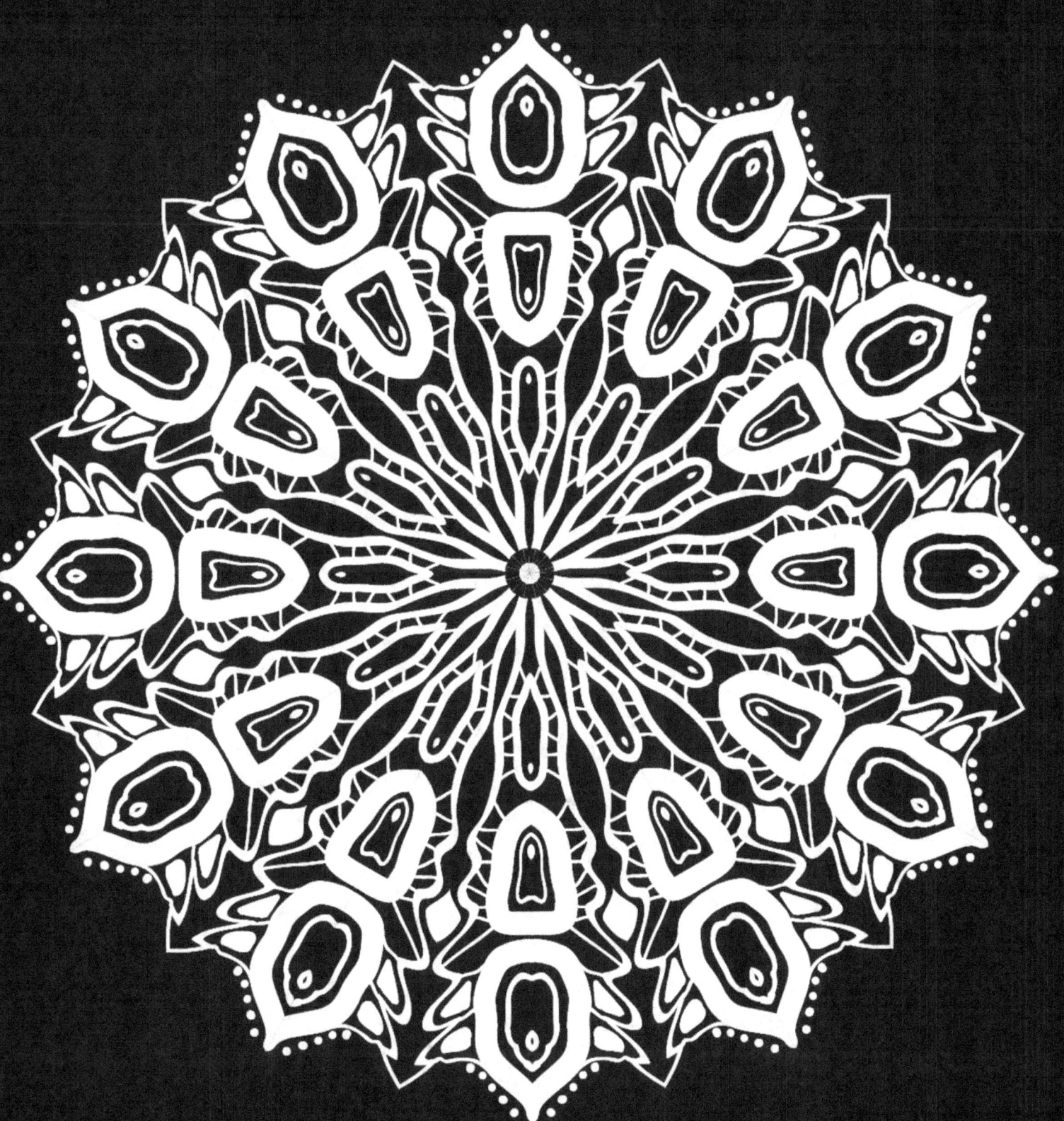

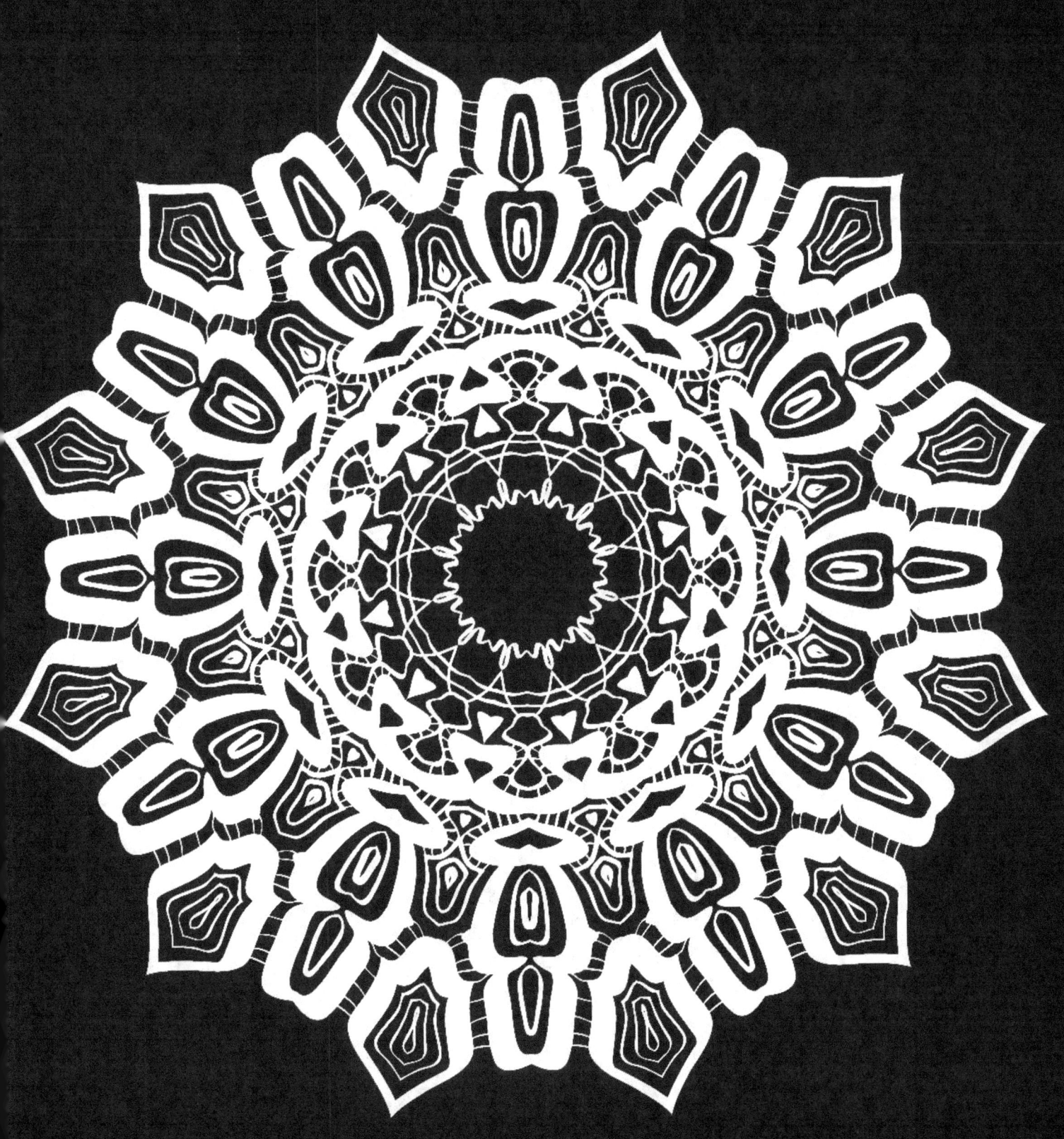

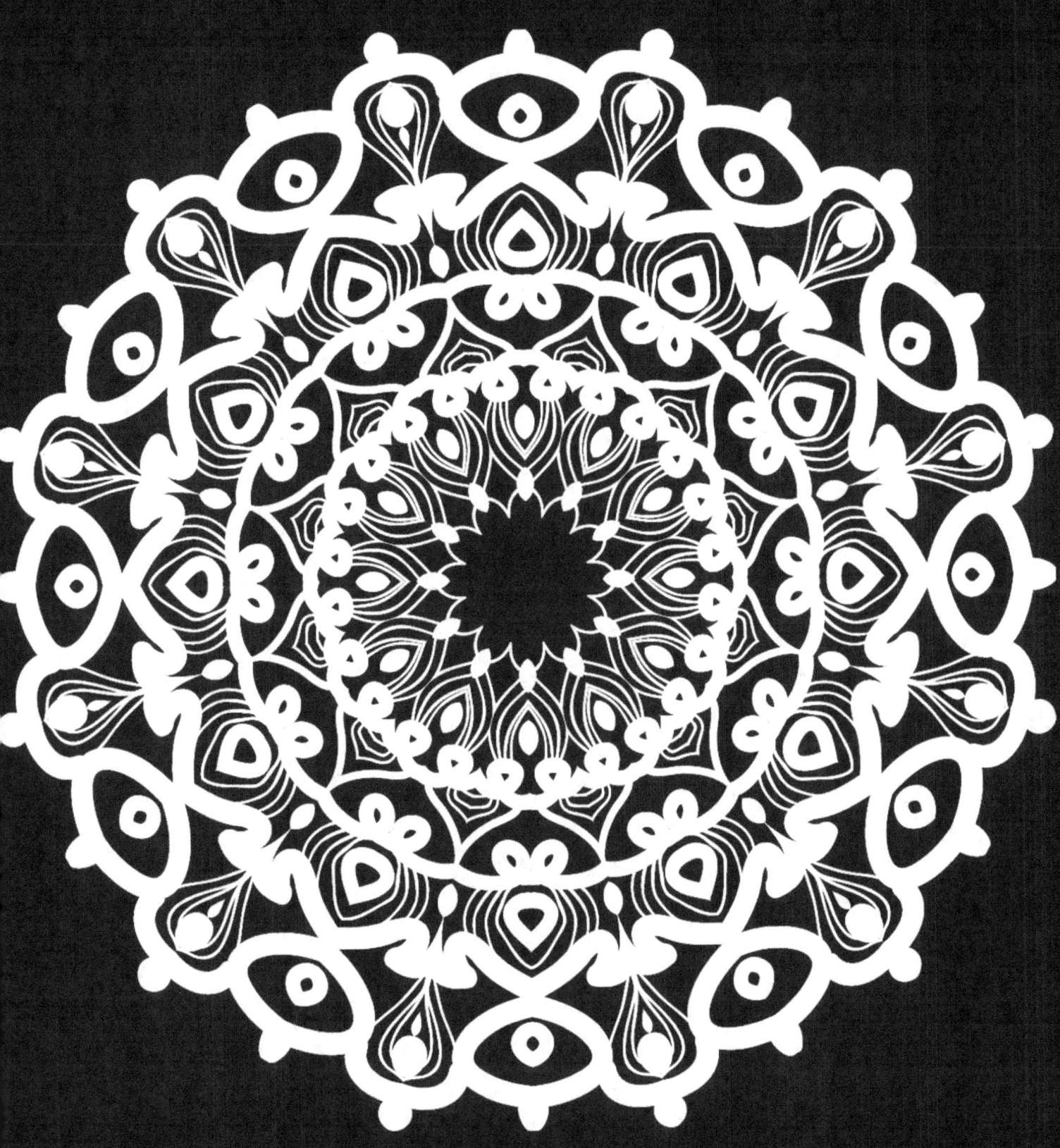